Michael Schmitz

Lukas C. Schmitz

Wandern mit Kindern im Harz

100 Kilometer zwischen frischer Luft und iPad

Ein Erlebnisbericht von Vater und Sohn

Der Harzer-Hexen-Stieg

www.radundsoziales.de

ISBN 978-3-945668-08-5 (eBook)
ISBN 978-3-945668-14-6 (Buch)
Lektorat: Mama Martina Lenk

Inhaltverzeichnis

Statt eines Vorwortes: Ein unpädagogisches Angebot

Ferien im Herbst – ideal für einen Ausflug in die Wärme. Irgendwo in südlichen Gefilden am Strand räkeln, sich den Sand durch die Finger rieseln lassen und die letzten Tropfen warmen Wassers genießen. Wenn der Sinn aber eher nach einem Outdoor-Erlebnis steht, schon lange die Idee einer mehrtägige Wanderung quer durch den Harz im Hinterkopf lauert, was dann? Dabei darf das Ganze auch ein wenig „pädagogisch wertvoll" sein, das Outdoor-Gen will schließlich weitergegeben werden. **Wie verkauft man diese Idee einem 11 jährigen?** Jeden Morgen früh aufstehen, den Rucksack packen und bei Wind und Wetter die Tagesetappe laufen, um die nächste Herberge zu suchen? Die Idee dazu war schnell gefunden: „**Du darfst dann jeden Abend iPad spielen**!"

‚Was für ein unpädagogisches Angebot', durchzuckt es mich, ich hätte weitere Auflagen und zeitliche Einschränkungen einbauen müssen. Schließlich darf Lukas zuhause nur 30 Minuten am Tag an das iPad. Aber was soll's. Es geht hier um **100 Kilometer wandern** in einer Woche, bei Sturm und **waagerecht fliegendem Schnee**. ‚Da werde ich wieder ein spontanes, wie übliches ‚Nein' hören', denke ich und überlege dabei schon, was wir sonst in den späten Herbstferien machen können. Mama Tini muss arbeiten und so bin ich in jedem Fall für das Kinderprogramm zuständig. Irgendetwas draußen wäre trotz Herbst wirklich schön…

„Ja, gute Idee“ – „Äh, wie bitte?“ Hatte ich da eben ein ‚Ja’ gehört? Das wäre an sich schon bemerkenswert, weil dieses Wort in der vorpubertären Frühphase nur recht selten Erwähnung findet. „Also, ich meine, dass wir bei Hagel und Sprühregen, bei Gegenwind und Nebel über den Brocken laufen. Einmal quer durch den ganzen Harz, den ganzen Hexen-Stieg entlang. Einhundert Kilometer!“ – „Ja, und ich darf zocken“. „Zocken“ bedeutet im Cool-Jargon ‚iPad spielen’.

In den nächsten Monaten habe ich diese Idee immer mal wieder angesprochen. Besonders ideal empfand ich die Gelegenheit, als wir nach einer Dolomitenwanderung im Sommer klitschnass in unsere kühle Unterkunft kamen. „Möchtest Du das über mehrere Tage?“ – „Ja“ war die knappe Antwort. Ok, nun kann ich ins Feintuning gehen und die Route ausarbeiten.

Das Team

Aus Erfahrung sind so um die 10 Kilometer am Tag kinderkompatibel. Zwar zelten wir gern, aber diesmal sollten es feste Unterkünfte werden, und außerdem wäre es schön, wenn mal ein Schwimmbad oder sonstige Abwechslung einzubauen wäre. Ein Griff zur Tastatur des Rechners und „Hexen-Stieg mit Kindern“ eingegeben, um die Strecke samt Kilometerangaben und Unterkunftsvorschlägen herunterzuladen und – nichts. Zwar gibt es eine spezielle Website, welche die unterschiedlichen Regionen des Hexen-Stieges und die Kilometerabstände beschreibt, aber da sind eben auch über 20-Kilometer-Etappen dabei, die nicht wirklich für Kinder geeignet sind. Die genauen Wanderabstände in Kilometern oder Wanderzeit zwischen den größeren Orten auf dem Hexen-Stieg – Fehlanzeige. Alle Touren und Wanderinformationen sind auf Erwachsene zugeschnitten. Zwar können auch diese verschiedene Etappen wählen, mit und ohne Gepäck wandern, aber immer sind Etappenlängen dabei – besonders über den Brocken – die bei über 20 Kilometern liegen. Rein körperlich ist diese Entfernung für meinen Lütten sicherlich kein Problem, aber es bedeutet von morgens bis zur Dämmerung (wir wandern im Spätherbst) zu wandern, und das wird ganz sicher irgendwann langweilig.

Eine nette Frau am Telefon der Osteroder Touristeninformation wusste Rat: Es gibt eine Landkarte auf einer Broschüre, auf der die Kilometerabstände gut und übersichtlich eingetragen wurden. So richtig auf Papier gedruckt, nicht im Netz. Die Frau am Telefon las mir die Entfernungen der größeren Orte auf dem Hexen-Stieg vor und schickte die Broschüre gleich hinterher. Es war die gleiche Karte, die wir hier für das Buch als Illustration verwenden dürfen. Vielen Dank für beides nach Osterode.

In jedem Fall war ich aber überrascht, dass diese Infos nicht so einfach im Internet zu finden waren. Wandern Kinder nicht oft durch den Harz? Ist das keine Zielgruppe? Schon war die nächste Idee geboren: Wir schreiben jeder abends unsere Eindrücke des Tages in ein Heft und machen daraus einen gemeinsamen Text. Papa und Sohn, das wäre doch was. Natürlich extrem pädagogisch, und es würde das Gleichgewicht zwischen Zocken und sinnvollem Tun wieder herstellen.

Die Zeit schritt voran, und es blieb beim ‚Ja', bis schließlich die Rucksäcke gepackt wurden: auf zum Bahnhof. Tini, Frau und Mutter des männlichen Reiseduos, verabschiedete uns am Bahnhof mit diversen Hinweisen, welche warmen Sachen anzuziehen wären und dass wir auch immer schön das Unterhemd in die Hose stecken sollten. Besorgt war sie ja doch schon ein wenig. Denn wenn dieses ‚Ja' zur Wanderung mittendrin umschlagen sollte, wäre möglicherweise der Spaß dahin…

Abenteuer Anreise

Die letzten paar Minuten Wartezeit auf dem Bahnhof verbringen wir mit der Suche nach irgendeinem gerade angesagten Mickey-Mouse-Comic-Band. „Band 1 – das ist der Beste!“ Nie zuvor war mir aufgefallen, dass Hannovers Hauptbahnhof mindestens fünf Geschäfte zu bieten hat, um Comics zu kaufen – und das nur auf einer der zwei Ebenen. Das Suchen wurde im natürlich letzten Geschäft von Erfolg gekrönt, und so war ich mir sicher, dass sich die Lesen-iPad-Quote zumindest zeitweise zugunsten des Lesens verschieben würde.

Startort des Hexen-Steiges ist Osterode im Westen des Harzes. Bis dahin müssen wir zweimal umsteigen. Beim ersten Mal haben wir fünf Minuten, beim zweiten Mal sieben Minuten. Nicht üppig, aber das sollte reichen. Wir wären dann nämlich schon nach 1:33 Stunden in Osterode, und Zeit ist Geld. Ich bin hektisch und will schnell in die Entspannung reisen, aber das auch fix und zack zack, keine Zeit verlieren: **Arbeitsmodus**. Aber anstatt nun während der Fahrt mit umgekippten Bäumen, entgleisten Waggons oder Streckenarbeiten langsam die Spannung zu steigern, ob man denn die geplanten Umsteigezeiten schaffen würde, fuhr der Zug erst einmal gar nicht los. Statt die Spannungskurve bis zur letzten Minute auszureizen, war schnell klar, dass wir keine Chance auf die Anschlusszüge haben würden. Aus zweimal Umsteigen wurden dreimal, eine Stunde Sonderaufenthalt in einer Frittenbude in Nordheim und 3:33 statt 1:33 Stunden Fahrtzeit. So etwas kann bei mir schon mal den Puls hochtreiben, und es laufen diverse Szenarien im Kopf ab, wie man diese verschenkte Zeit vermeiden könnte. Taxi? Andere Züge? Während ich so rumhektike, setzt sich Lukas einfach in der Friteusen-Hütte an einen Tisch und liest seelenruhig. Eine Cola, einen Lolli und eine Bockwurst später geht es dann weiter. **Tief durchatmen.**

Auch zwischendurch legt Lukas eine Lesepause ein

In Osterode ist es stockdunkel, als wir ankommen. Die Geschäfte haben geschlossen, und es sind kaum Menschen auf der Straße. Im Carepaket der Touristeninfo-Frau war zum Glück auch ein Stadtplan von Osterode, der uns den Weg zum Jugendgästehaus weist. Aber um ehrlich zu sein: Das Navi des Handys ist viel besser beleuchtet. So verschwindet die Karte im Rucksack, und wir folgen dem blinkenden blauen Punkt auf dem Display. So ein großer und ein kleiner Rucksack mitten in der Nacht (also gefühlt mitten in der Nacht, tatsächlich ist es kurz vor 18 Uhr), bleiben nicht unbemerkt: Ungefragt wird uns von netten Einheimischen der Weg erklärt, damit wir uns nicht verlaufen. Auf dem Weg zur Unterkunft kommen wir direkt am Start des Harzer-Hexen-Stieges vorbei, nur ein paar Meter vom Jugendgästehaus entfernt. Das motiviert.

Nach der Schlüsselübergabe und dem Bett beziehen machen wir uns auf die Suche nach etwas Essbarem. Das ist zu so später Stunde an einem Sonntag nicht ganz so leicht in Osterode bei Saisonende. Auf Empfehlung der Hausleiterin finden wir noch eine Pommesbude, die auch leckere Pizza und Pasta im Angebot hat. Wobei ‚Pommesbude' eher ein Begriff aus dem letzten Jahrtausend ist – es ist ein Dönerladen. „Och Papa, kannst Du nicht einen Döner essen? Dann kann ich den auch endlich mal probieren, ich habe doch noch nie einen Döner gegessen!" Das arme Kind hat noch nie einen Döner auf dem Teller gehabt. Dass es so was heute noch gibt. Mittlerweile sieht man einen Döner doch schon im Kinderwagen. Aber Lukas hätte der Salat ohnehin abgeschreckt.

Als er mit der Pizza fertig ist, fängt er an zu rappen. So im Gangsta-Sprach-Rap-Stil – und hört plötzlich ganz erschrocken auf, als er feststellt, dass der Koch und der Kellner ganz ähnlich sprechen. Upps, ungewohnte Umgebung.

Die 1. Etappe: Osterode – Buntenbock

Gehzeit ca. 5,5 Stunden inkl. Pausen; 12 km.

Etappe 1

Zum Frühstück gibt es für uns eine katholische Morgenandacht, da gestern Abend noch eine 65-köpfige Jugendgruppe angereist war. Alle sind so in Lukas Alter um die 11 Jahre. Früher habe ich zahlreiche solcher Reisen für Kinder begleitet, aber jetzt bin ich doch froh, dass ich nur mit einem Jungen unterwegs bin. Respekt den Gruppenleitern!

Den Einstieg in die Wanderroute hatten wir gestern Abend schon gefunden, aber trotzdem würdigten wir diesen Platz mit einigen Start-Fotos. Der Parkplatz am Startort ist fast leer, demonstriert aber mit seinen riesigen Ausmaßen, was hier im Sommer los ist: Wanderer in großen Mengen können ihre Autos für mehrere Tage abstellen.

Aus Osterode hinaus geht es leicht bergan, wobei „leicht" sicherlich relativ ist. Für einen klassischen Flachlandtiroler, die wir im Norden nun mal sind, geht es schon ordentlich hoch. Wir haben die Sommer der letzten Jahre meist im Ötztal verbracht und dort geht es schnell mal auf über 2000m hoch. Steil ist es dort, wenn man mit der Nase fast die Felswand berührt. Das ist im Harz nicht zu erwarten, trotzdem war ich am Ortsausgang von Osterode schon ganz schön außer Atem. Während ich tief Luft holte, pfiff Lukas locker vor sich hin. Egal, wie steil es auf unseren Wanderungen in den letzten Jahren gewesen ist: Lukas hat nie geschwitzt! Und ich weiß ganz genau, dass er z. B. beim Sport sehr stark schwitzen kann. Das macht es nur schlimmer: Während mir der Schweiß den Nacken herunter läuft, geht Lukas mit leicht wippendem Schritt vor mir her.

Hier geht es los

Wir genießen die herrlich frische Morgenluft, und Lukas lässt sich zum Satz „Die Natur ist doch viel schöner als das iPad-Spielen“ hinreißen und „hier fühle ich mich frei“. Wobei er sofort inne hält und ein „naja, aber iPad ist auch ganz klasse“ hinterher schiebt. Hätte mich auch sehr gewundert.

Am Eselsplatz

Das erste wichtige Ziel ist der Eselsplatz. Hier gibt es den Stempel 140 der Harzer Wandernadel. Da haben sich die Harzer wirklich etwas Tolles einfallen lassen: Quer durch den Harz stehen 222 Stempelstellen verstreut, immer an besonders schönen oder geschichtsträchtigen Orten. Diese Stempel kann man in ein Sammelheft drücken und erhält dann dafür Abzeichen. Bronze, Silber und Gold zu Beginn, dann gibt es noch den König und den Kaiser. Für den Harzer-Hexen-Stieg gibt es darüber hinaus noch ein extra Sammelheft mit einer besonderen Nadel. Und dazu muss man in diesem Heft in jedem Fall den Stempel 140 haben, da er den Ausgangspunkt der langen Wanderung dokumentiert.

Diese wunderschöne Motivation des Stempelsammelns haben wir schon im Ötztal kennengelernt. Dort hat jede Hütte einen eigenen Stempel, und auch dort erhält man Abzeichen, die man sich dann an den Wanderhut oder Rucksack stecken kann. Nicht selten haben wir Wanderungen nach der Anzahl der möglichen Stempel zusammengestellt und auf dem Rückweg zum Hotel der Touristeninfo einen Besuch abgestattet, um die wertvollen Anstecker abzuholen.

Der Harzer Wanderkönig, den man nach 50 Stempeln erhält, hat sogar einen Bergkristall auf dem Metallschild: was für eine Super-Motivation, ein echter Bergkristall. In jedem Fall wird uns das Stempelsammeln in den nächsten Tagen als Zwischenmotivation und Gesprächsthema erhalten bleiben – und sogar zusätzliche Abstecher werden dadurch möglich.

Als Ziel der Wanderung werden also nicht nur der komplette Hexen-Stieg, sondern auch die Abzeichen in Bronze, Silber und Gold sowie die Hexen-Stieg-Nadel ausgerufen. Und damit geht es nun an dieser Stelle los.

Übrigens ist diese Stempelei kein Kinderthema: Die meisten Sammler sind Erwachsene, die das durchaus fast professionell betreiben und sich die schnellsten Strecken durch den Harz zusammenstellen. Aber dazu später mehr.

Früher musste man schwerer tragen

Diese erste Etappe verläuft landschaftlich unspektakulär. Wir wandern auf schönen Wald- und Forstwegen, die Strecke ist gut ausgeschildert. Für Abwechslung sorgen an Abzweigungen und Kreuzungen zahlreiche geschnitzte Figuren und Erläuterungen zu Tieren, Forst und geschichtlichen Hintergründen. Immer wieder toll, wie so manches in Szene gesetzt wird. So hockt eine geschnitzte, alte Frau auf einer Bank, die eine Kiepe auf dem Rücke trägt. Daneben kann man das Gewicht der Kiepe selbst hochheben, um deren Gewicht - 40 kg! - zu spüren. Das hat eine Frau damals tragen müssen – und nicht einen so bequemen Rucksack wie heute.

Am Wegesrand bei Lerbach gibt es noch ein kleines Büchlein, in das sich die Wanderer auf der Hexen-Stieg-Route eintragen können. So sehen wir, dass heute vor uns noch ein Mann aus Salzgitter in Richtung Thale gestartet ist und an diesem Wochenende noch zwei weitere Familien mit diesem Ziel unterwegs sind. Einholen werden wir die natürlich nicht mehr, aber man fühlt sich nicht so allein mit seiner Herbstferienidee.

Rucksack vorn – da könnte auch das iPad drauf liegen

Lukas wird sein Rucksack etwas schwer, und so denkt er sich eine ungewöhnliche Trageidee aus: nach vorn auf dem Bauch. Wenige Meter weiter hat er schon die nächste Idee: bei mir auf dem Rucksack. Außerdem würde ihm das Laufen ohne Rucksack viel mehr Spaß machen. Netter Versuch. Wenn ich den Rucksack auch nur 10 Meter trage, würde ich ihn nie wieder loswerden. Außerdem habe ich den großen 75 l-Rucksack geschultert, mit einigen Lebensmitteln, Getränken und warmen Klamotten für 8 Tage, der sicher über 20 kg wiegt. Lukas hat seinen 10 l-Rucksack mit den wesentlichen Dingen eines Kinderlebens gefüllt: Malsachen, 2 Bücher, Kartenspiele, Taschenmesser, Regenjacke und das iPad. Ein paar Bonbons habe ich dort auch noch versteckt, die hat er aber noch nicht gefunden.

Am Ende des Tages hat er sich an das Tragen einigermaßen gewöhnt. Sogar den ersten Abstecher zu einem weiteren Stempel nimmt er in Kauf.

Nach etwa 12 Kilometern kommen wir auf dem Zeltplatz Prahljust in Buntenbock an. Auf diesem Gelände steht auch der Waldgasthof Rübezahl, der kleine Zimmer vermietet. Der Clou ist das kleine Schwimmbad direkt daneben. Der Platz liegt an einem See und ist im Sommer sicher ein empfehlenswertes Reiseziel: direkt am Hexen-Stieg gelegen, mit perfekter Infrastruktur und schöner Natur - was will man mehr.

Nach dem ersten Wandertag machen wir erst einmal eine kleine Pause im Zimmer. Die gestalten wir dabei höchst individuell. Während ich genussvoll die Augen schließe und mich über den ersten gelungen Tag freue, darf Lukas das erste Mal daddeln. Das freut ihn genauso. Im Anschluss geht es dann direkt in das warme Schwimmbad nebenan – zum Toben. Während ich als später Vierziger mich auf die warmen Fluten zur Entspannung freue, will Lukas viel lieber Kräftemessen im Wasser spielen. Gern hätte ich das wärmende Wasser um meine Schultern spielen lassen – stattdessen reißen 35 Kilogramm Lukas-

Masse an kleinen Händen daran und rufen „kämpfen!". Das war im Ötztal jeden Tag so: Geschafft von der Tageswanderung möchte ich am liebsten die Beine hoch legen, aber mit Lukas ging es immer noch in Schwimmbad zum Ballspielen, toben und tauchen. Puhh, Papasein kann ganz schön anstrengend sein. Allein deshalb schon muss ich mich noch eine Weile fit halten, damit ich hier mithalten kann.

Lukas Eindrücke vom Tag 1

Die Verabredung war, dass Lukas und ich jeden Abend unabhängig voneinander ein paar Zeilen über den Tag schreiben. Nach der Wanderung wollen wir daraus ein Buch entwickeln, und erst dann stellen wir unsere Texte gegenüber. Lukas Texte sind „naturbelassen" und durch eine andere Schriftart kenntlich gemacht.

Als wir los gewandert sind, war alles noch ok, aber umso länger ich ging, desto mehr taten meine Schultern weh. Jetzt fragt ihr euch bestimmt: Warum tun meine Schultern weh? Das lag daran, dass ich einen schweren Rucksack tragen musste.

Aber egal, es hat auf jeden Fall Spaß gemacht. Ich habe einen guten Wanderstock gefunden und so fiel mir das Wandern viel leichter. Außerdem haben wir viele Pausen gemacht, und ich habe den Rucksack immer mal auf dem Bauch und auf dem Rücken getragen.

Wir haben für einen Stempel einen Umweg gemacht. Insgesamt sind wir ungefähr elf Kilometer gegangen und nach fünfeinhalb Stunden angekommen. Danach haben wir eine Weile nichts gemacht und sind dann für eine Stunde ins Schwimmbad gegangen, das sozusagen vor der Hintertür liegt. Man kann als Hotelbesucher umsonst rein. Außerdem ist es zwar klein, aber wie das Sprichwort schon sagt „klein aber fein“.

Danach sind wir essen gegangen. Das Essen war vorzüglich, auch wenn man etwas länger warten musste. Man kann gut in der Zeit Spiele spielen, das macht echt Spaß. Danach sind wir aufs Zimmer gegangen und da sitze ich jetzt und schreibe, was ihr lest.

Die 2. Etappe von Buntenrock nach Altenau

Gehzeit mit Pausen etwa 5,5 Stunden;
10 Kilometer

2. Etappe

Eigentlich wollte ich Lukas gestern Abend einschlafen lassen, um dann mit der Rotlichttaschenlampe noch etwas zu lesen – aber ich bin auch gleich eingeschlafen. Das muss der Frischluftschock gewesen sein. In jedem Fall aber sehr erholsam. Zumal wir etwas länger schlafen können, als ich geplant habe, denn es gibt erst ab 8.30 Uhr Frühstück. Das liegt nicht daran, dass der Wirt so lange schläft, sondern an der Brötchenversorgung des Zeltplatzes. Gestern haben wir eine kleine Tür im Restaurant übersehen, hinter der ein Kiosk versteckt ist, in dem die Camper diverse Kleinigkeiten – und morgens eben auch Brötchen – kaufen können. Um 8.00 Uhr stehen die Zeltplatzgäste schon Schlange, um ihre Brötchen zu holen. Es sind alles Dauercamper – im Zelt schläft jetzt keiner mehr.

So bekommen wir unsere leckeren Brötchen und einen Aufschnittteller mit zwei Semmeln extra zum mitnehmen. Zwei gekochte Eier haben wir außerdem als Wegzehrung bestellt.

Bei der Verabschiedung erzählt der Wirt noch, dass er schon oft ein Taxi für vermeintliche Hexen-Stieg-Wanderer bestellen musste. Völlig überladen und entkräftet sind sie zum Parkplatz, dem Ausgangspunkt, zurückgefahren worden. Er schielt dabei auf unsere Rucksäcke und meint „das könnte wohl gehen“. Naja, das hoffen wir auch.

Was für ein herrlicher Morgen

Kühle Luft und strahlender Sonnenschein empfangen uns. Herrlich. Ein Gefühl, als wenn man die Luft trinken kann. An den Stauseen steigt der Nebel empor und durch die Baumwipfel scheint die Sonne – eine ganz tolle Waldstimmung. Ein wenig Kanada- und Alaskafeeling kommt auf, und Lukas darf sich schon früh am Morgen über

Heldengeschichten aus grauer Vorzeit des Papas freuen. Tatsächlich lässt er sich gern den ganzen Tag lang Geschichten – auch von Reisen - erzählen, obwohl ich ihn immer wieder warne und sage, dass er die Geschichten noch ganz oft hören muss. Je älter ich werde, desto öfter werde ich die alten Geschichten von Radweltreise, Afrikadurchquerung und Radwintertouren zum Besten geben. „Macht nichts, erzähl weiter", ist dann die Reaktion. Der wird sich noch wundern, wie das in 20, 30 Jahren sein wird.

Wunderbare Stimmung im Wald

Der Weg heute wird vom Oberharzer Wasserregal bestimmt. Immer wieder laufen wir an den künstlichen Bächen und Kanälen entlang. Glasklares Wasser, das früher für die Arbeit in den Bergwerken gebraucht wurde. Kleine Brücken und

Wasserfälle säumen den Weg. Die Pfade sind heute schmaler als gestern und lassen sich interessanter laufen. Lukas gefällt besonders der weiche Boden, der durch die Tannennadeln entstanden ist.

Dennoch wird uns der Wandertag heute etwas vermiest: Die Entfernungsangaben nach Altenau bringen uns durcheinander. Auf dem Hexen-Stieg sollen es heute etwa 11 Kilometer sein. Allerdings führen nicht nur alle Wege nach Rom, sondern offensichtlich auch nach Altenau. Zahlreiche Abkürzungen sind möglich, ständig wechseln die Entfernungsangaben. Sieht man den Hinweis „Altenau noch 3,5 Kilometer“, sind es nach 500m plötzlich 5 Kilometer, dann mal 4 Kilometer und so weiter. Mir ist das eigentlich egal, weil die Hexen-Stieg-Strecke immer klar ausgeschildert ist, aber für Lukas ist dieses Hin und Her eine Katastrophe. „Wir laufen in die falsche Richtung“ – „Wann sind wir endlich da“ – „Eben waren es doch noch 4 Kilometer, jetzt sind es 5“ usw. Das zehrt ganz schön an der Motivation, und es ist schwer, gute Stimmung zu machen. Zu lösen wäre das Problem einfach damit, wenn auf den speziellen Hexen-Stieg-Schildern konsequent die Entfernung nach Altenau auf dem Hexen-Stieg angegeben wäre – und nicht diverse Abkürzungen Erwähnung fänden.

Geschichten erzählen, Zungenbrecher sprechen üben, auf die tollen Bäche und die jahrhundertealte Geschichte hinweisen – all das zieht nicht mehr richtig. So sind wir froh, als wir endlich Altenau erreichen. Unsere Pension liegt nicht weit ab vom Wanderweg und zudem dicht an der örtlichen

Therme. Das ist ein guter Ort, nach einem solchen Tag.

Überhaupt ist es ein wichtiger Tipp, die Unterkünfte möglichst dicht am Wanderweg zu suchen. In Altenau könnte man zusätzlich problemlos ein paar hundert Höhenmeter wandern, wenn die Unterkunft auf der anderen Talseite wäre. Für Erwachsene spielt so etwas keine Rolle, bei Kindern ist das anders. So etwas kann die Entscheidung zwischen einem „guten Tag“ und einem „schlechten Tag“ bringen. Wenn man im Ort ist, sollte da dann auch die Pension sein, nicht erst nach weiteren zwei oder drei Kilometern und diversen Höhenmetern.

Am Oberharzer Wasserregal

Die Kristalltherme Altenau hat ein großes Außenbecken, in dem wir uns fast die ganze Zeit aufhalten – die Saunalandschaft ist nichts für Lukas. Plötzlich war es ihm unangenehm, dass da so viele nackte Menschen herumlaufen. Das war bisher noch nie ein Problem für ihn, aber nun geht es wohl los.

Das Schönste in der Therme war die „Himmelstapete". Die Farbe wechselte von Rot bis zu Lila, der Halbmond stand perfekt am Himmel und die Sterne leuchteten um die Wette. Wunderbar kitschig.

Zurück in der Pension setzen wir uns in den Aufenthaltsraum, damit Lukas an einem Tisch schreiben kann. Er hat richtig Lust daran entwickelt, seine Gedanken aufzuschreiben. Mal sehen, wie lange das anhält. Gestern hat er sogar noch mit einer kleinen ausgedachten Geschichte begonnen. Dass er so viel schreibt, soll natürlich auch dem Deutschunterricht in der Schule zugute kommen, aber das hat er wohl noch nicht gemerkt. „Lernanlässe schaffen" hat unsere Nachbarin und Grundschullehrerin mal gesagt, sei das Beste. So verbinden wir unauffällig das Schöne mit dem Nützlichen.

Lukas Meinung zum Tag 2

Heute war alles dumm.

Das Frühstück war ok und das Zimmer auch, aber als wir losgegangen sind, taten mir nach dreißig bis vierzig Metern die Schultern weh. Dann sind wir auf einem Damm gegangen, der benutzt wurde, um einen riesigen Stausee zu stauen. Darüber lag Nebel. Das klingt romantisch, aber Papa ist alle fünf Meter stehen geblieben, um Fotos zu machen, und ich war die ganze Zeit am See weit vor ihm. Dann sind wir an eine Kreuzung gekommen, und ich musste fünf Minuten warten, bis Papa ankam. Dann sind wir zum ersten Stempel gekommen und 50 Meter weiter war eine Bank, an der wir Pause gemacht haben.

Und dann ging alles schief. Die Wegweiser haben gesagt ‚nur noch 5 Kilometer', dann mal 3,5 oder sogar 6 Kilometer. Und obwohl wir schon ganz nah waren, hat der Wegweiser das mit den 6 Kilometern angezeigt und da bin ich total durchgedreht. Wenn es nach mir ginge, würde ich diesem Abschnitt des Hexen-Stieges nicht einmal einen Stern geben. Aber dann sind wir angekommen und haben wie gestern eine Weile nichts gemacht. So gegen 5 Uhr sind wir in die Therme gegangen. Das war echt eklig, denn alle sind nackig herumgelaufen. Sozusagen FKK-Therme. Dann sind wir nach Hause gegangen und nun schreibe ich für euch.

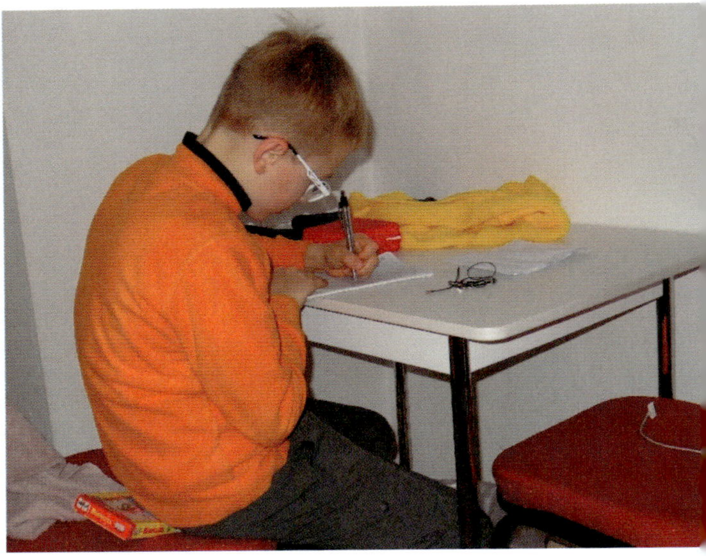

Lukas bei Arbeit und Entspannung

3. Etappe Altenau – Torfhaus

Mit Pausen 3,5 Stunden Gehzeit, ca. 8 km

3. Etappe

Beim Frühstück stellt sich heraus, dass auch der Wirt begeisterter Wanderer ist und viele Jahre im Ötztal unterwegs war. Damals war die Straße nach Sölden noch unasphaltiert. Wirklich ein traumhaftes Wandergebiet, das sich in den letzten Jahren rasant entwickelt hat. Der nette Klönschnack ist dann sicherlich auch der Grund dafür, warum uns seine Frau hinterherläuft, obwohl wir schon die ersten 500 m hinter uns haben: „Herr Schmitz, ihr Ladekabel!" Das mir so etwas noch passiert! Jedes Mal der prüfende Blick unters Bett, ins Bad und in jeden Schrank – und dann hängt dieses Ladekabel einfach noch in der Steckdose am Spiegel. Da werde ich in Zukunft ganz sicher genauer hinschauen. So werden wir aber von der sehr netten Geste der Wirtin überrascht.

Der Hexen-Stieg ist schnell wiedergefunden, das Wetter perfekt und wir sind bester Laune. Das Thema mit dem Durcheinander der Entfernungsangaben gestern nehmen wir noch einmal auf und sind uns einig, dass es viel leichter ist, wenn man vorher davon weiß. Dann lässt man sich nicht so irritieren. Also ist es für uns beide wichtig, diesen Hinweis in unseren Reisebericht mit aufzunehmen, um andere Kinder und Eltern vorzuwarnen.

Der Weg führt wieder am Wasserregal entlang. Auf dieser Teilstrecke heißt er „Dammgraben". Immer unterbrochen von Zuflüssen, kleinen Wehren und Wassertreppen. Dann entdecken wir eine tolle Idee am Wegesrand: Auf einer Tafel wird beschrieben, wie beschwerlich es die Männer, Wasserknechte genannt, im 11./ 12. Jahrhundert hatten, die das Wasser aus den Bergwerksstollen schöpften. Man kann einen solchen Eimer selbst im Bach mit Wasser füllen und anheben. Die Erkenntnis: Das war früher echte Knochenarbeit!

Ein moderner Wasserknecht

Wenig später steht plötzlich ein Stempelkasten vor uns, der nicht auf der Karte eingezeichnet ist. Der Stempel, den wir erwarten, kann es noch lange nicht sein, und auch die Nummer ist völlig verkehrt. Egal – darauf können wir keine Rücksicht nehmen und freuen uns über den Extrastempel des Tages. Unerwartete Stempel erhöhen die Wandermotivation ungemein. Auf Nachfrage später in der Naturparkverwaltung stellt sich heraus, dass Stempelkästen auch umziehen können. Die letzte große Umzugswelle war 2011. Damals ist dieser Kasten hierher versetzt worden, nur meine Karte ist von 2010. Aktuelle Infos bekommt man mittlerweile unter www.harzer-wandernadel.de. Passend dazu gibt es sogar eine entsprechende Gruppe bei Facebook.

Rast auf dem Magdeburger Weg

Weite Ausblicke lässt der dichte Baumbewuchs nicht zu, dafür wird der Weg selbst spannender. Dieser Abschnitt heißt „Magdeburger Weg“ und führt schmal an Klippen entlang. Links ist er steil abfallend. Das ist keine echte Gefahr, aber Kinder müssen hier schon etwas aufmerksamer gehen. Die Steine sind geheimnisvoll von Moos überzogen, und der Untergrund besteht fast nur aus nackten Wurzeln. So manch umgefallener Baum muss bei kurzen Beinen sogar überklettert werden. Das macht Spaß. So kommen wir vergnügt in Torfhaus aus dem Wald heraus.

Kurz vor dem Ortseingang treffen wir auf Forstarbeiter und viele Kinder, die begeistert den Waldweg wieder befestigen. Diese Arbeit würde Lukas auch gefallen! Die Gruppe kommt aus Königslutter und unterstützt die Arbeit im Nationalpark.

Die Jugendherberge in Torfhaus ist fast ausgestorben. Zum Glück entdecke ich eine Köchin am Hinterausgang. Wir haben das Zimmer reserviert, und so gibt sie mir den Schlüssel. Sie erzählt von einem so hohen Krankenstand, dass der Betrieb stark eingeschränkt werden muss. Neue Wanderer können nicht mehr ausgenommen werden, uns wurde nur nicht abgesagt, weil das zu kurzfristig gewesen wäre. Da haben wir aber Glück gehabt! Die Alternative in Torfhaus wäre nur ein sehr teures Urlaubsressort gewesen.

Nach dem Ankommen pausieren wir erstmal. Lukas spielt am iPad. Lockangebote wie „lass uns doch mal in den Outdoor-Laden oder das Nationalpark-Besucherzentrum gehen“, helfen nicht. Zwar ist schon langsam zu merken, dass das Daddeln langweiliger wird – diese Erkenntnis war eigentlich mein Plan - aber noch ist der Plan nicht wirklich aufgegangen.

Der zweite Plan war, in der Jugendherberge andere Kinder zum Spielen zu treffen, damit Lukas nicht die ganze Zeit mit dem alten Vater verbringen muss … und plötzlich gehen beide Pläne zusammen auf: Auf dem riesigen Gelände der Herberge sind Jungsstimmen zu hören. Lukas springt vom Hochbett, zieht sich blitzschnell an (was sonst durchaus mal länger dauern kann) und läuft mit den Worten „Ich geh´ raus“ durch die Zimmertür.

Ich gehe also allein zum Outdoor-Laden. In Torfhaus gibt es nicht viele Häuser, aber das Geschäft ist brandneu. Leider müsste ich mein Einkäufe ein paar Tage schleppen, und so bleibt es bei den benötigten Schnürsenkeln, die ich gleich vor Ort austausche und einer neuen Kameratasche, die heute vom Rucksack abgerissen ist.

Abends essen wir in dem einzigen Restaurant typisch bayrische Kost – sehr lecker.

Als wir zurück zur Herberge wollen, schüttet es wie aus Eimern. Morgen soll sich die Regenfront wieder verzogen haben – hoffen wir das Beste.

Lukas spielt den ganzen Abend mit den anderen Kindern.

Versöhnliches von Lukas zum 3. Tag

Heute war alles okay.

Das Essen beim Frühstück war lecker, aber die Eier waren kalt, und die Brötchen waren mindestens genauso gut wie die von gestern. Außerdem hat der Wirt uns einen Tipp gegeben, über die Wiese zu gehen, wodurch wir 500m auf dem Weg zum Hexen-Stieg gespart haben. Dann sind wir noch ein ganzes Stück am Wasserregal entlanggegangen. Wir dachten, dass es auf diesem Abschnitt nur einen Stempel geben würde, aber wir haben auch noch den 149er gefunden, dabei sollte es nach Papas Karte nur den 133er auf dieser Route geben. Und dann habe ich in der Jugendherberge Kinder getroffen, und das war cool, weil das Gelände ca. fünf Hektar groß ist.

Gestern war der Tag ja nicht so gut, aber heute gebe ich dem Stieg 4 Sterne. Warum? Weil Baumstämme im Weg lagen.

Lukas auf dem Magdeburger Weg

Die 4. Etappe: Torfhaus – Brocken

Etwa 4 Std. Gehzeit inkl. Pausen; ca. 8 km.

4. Etappe

Endlich mal wieder ein Jugendherbergsfrühstück mit dem roten Tee! Das weckt Erinnerungen an diverse Klassenfahrten und erste Radtouren. Dazu aber leckere Körnerbrötchen, statt der trockenen Weißbrotschreiben wie früher. Ein Lunchpaket können wir auch kaufen, und so sind wir bestens gerüstet für den Gipfelsturm, denn heute geht es auf den Brocken.

Ein ganz schöner Brocken, wie er so in der Landschaft liegt und Ehrfurcht einflösst. Insofern ist es vielleicht gar nicht schlecht, dass wir ihn nicht sehen können: Es ist total neblig.

Auf dem Goetheweg Richtung Brocken scheinen wir die ersten Wanderer des Tages zu sein, denn ich habe ständig die Spinnenweben der letzten Nacht im Gesicht. Es ist schon beeindruckend, wie diese Tierchen ihre Fäden quer über den drei Meter breiten Weg spannen können.

Der Goetheweg ist sehr breit, sehr gut angelegt und so für den großen Ansturm der Wanderer bei besserem Wetter vorbereitet. Viele Schautafeln erläutern Wald und Flur. Die Tafel am

Quitschenberg war für mich besonders anregend: Hier werden die Sturmschäden Anfang der 90er Jahre, der saure Regen und die Borkenkäferplage thematisiert. Viele dachten damals, der Harz ist bald unumkehrbar waldfrei. Ich kann mich noch an Wanderungen auf den Brocken erinnern, wo wir nur an verkrüppelten Bäumen vorbeigekommen sind. Ein trauriges Bild mit Endzeitcharakter. Aber heute kann man sehen: Es entsteht ein neuer Wald, der sich aus den alten Baumstümpfen und Baumgerippen erhebt. Das hätte ich damals nie gedacht.

Wunderschöne Moose am Wegesrand

Während wir so vor uns hin wandern, interessiert Lukas vor allem die deutsche Teilung, wobei IMs, Abhörtechnik, Fluchttunnel und Spionage besonders spannend sind. Davon werden wir auf dem Brocken noch einiges sehen. Wir gehen auf dem Kolonnen- und Grenzweg und dabei wird auch Lukas eigene Geschichte deutlich: Mutter aus dem Osten, Vater aus dem Westen, geboren im Osten, lebt im Westen – und eigentlich spielen diese geografischen Einteilungen für ihn überhaupt keine Rolle mehr. Wie schön.

Immer wieder sehen wir die beeindruckende, dampfende Brockenbahn, die den Berg hoch stampft. Sie ist schon ganz gut gebucht mit den ersten Wanderern. Auch der Wanderweg selbst füllt sich immer stärker mit Menschen, die über die verschiedenen Wege den Brocken ansteuern. Wo wir bisher meist allein unterwegs waren, müssen wir jetzt schon mal anderen Gruppen den Vortritt lassen und auch unseren Rastplatz vorgewärmt an die nächsten Sitzplatzsuchenden weitergeben.

Die Brockenbahn im Nebel

Ziemlich plötzlich sind wir oben! Ich hatte den letzten Abschnitt viel steiler in Erinnerung, als er tatsächlich ist. Allerdings können wir nicht einmal den Funkturm sehen, so neblig ist es. Schön, dass wir ein Hotelzimmer mit beeindruckendem Weitblick gebucht haben.

Aber vor dem Einchecken gibt es erst einmal einen weiteren Stempel in das Heft. Und das ist nicht irgendein Stempel: Nein, es ist der 16. Das bedeutet: silbernes Abzeichen. Wie passend, dass man den entsprechenden Anstecker gleich nebenan im Brockenhaus bekommt. Lukas überreicht strahlend das Stempelheft und nimmt die Anstecknadel stolz in Empfang. Später rechnen wir aus, dass wir vermutlich sogar noch die goldene Nadel auf dieser Tour schaffen werden.

Original Abhörtechnik der DDR

Statt einer Therme oder Schwimmbad gibt es heute das Brockenmuseum als Freizeitausgleich. Es passt ganz hervorragend zu unseren Gesprächen während des Aufstiegs. Neben Fauna, Flora, Gesteinen und Schulungsfilmen kann auch ein Stück Grenzmauer angefasst werden. Kurze Filme über die Wende und die Übernahme des Brockens durch die Bevölkerung am 3.12.1989 waren genau das Richtige für uns.

Auch die Bilder von der Maueröffnung in Berlin werden gezeigt. Ich habe sie natürlich schon x-Mal gesehen und trotzdem stellt sich immer das gleiche Phänomen bei mir ein: Die Augen werden feucht, die Stimme brüchig – und ich kann nichts dagegen tun. Ich bin nicht dicht am Wasser gebaut und habe es überhaupt nicht mit Gefühlsduselei. Aber auch nach 25 Jahren jagen mir diese Bilder immer noch eine Gänsehaut über die Haut. Unerklärlich. Ich war kurz vor dem Mauerfall gerade von einer Radtour um die Welt zurückgekommen, hatte auf verschiedenen Kontinenten die unerklärliche deutsche Teilung zu erklären versucht und mich damit wie selbstverständlich abgefunden. Dann lag ich am 9. November 89 auf der Couch und sehe im Fernsehen die Bilder aus Berlin, wenig später überquere ich die Grenze an der Ostsee in die DDR nur mit einem Personalausweis. Ich bin mir sicher, dass dies das größte geschichtliche Ereignis sein wird, das ich persönlich miterleben werde. Deshalb ziehe ich später in den Osten, um die Wende vor Ort miterleben zu können. Tja, und nun stehe ich hier auf dem Brocken mit Tränen in den Augen.

Auf dem Dach des Museums sehen wir dann noch die Zeugnisse der Abhörtechnik der DDR.

Riesige Parabolspiegel und Antennen, versteckt unter der runden Kuppel des Gebäudes. Beeindruckend.

Abendessen gibt es heute im 7. Stock, mit einer atemberaubenden Aussicht. In den Nebel.

Der Brocken – Lukas 4. Tag

Heute sind wir auf den Brocken gegangen, und das war sehr abwechslungsreich. Papa hat sehr viel von der Grenze und von der DDR erzählt. Wir sind darauf gekommen, weil ich ihm gesagt hatte, dass mein Buch (Alex Rider) noch vor der Grenzöffnung spielt und dass Alex Rider erst 14 war. Als sein Onkel erschossen wurde fand er heraus, dass er beim MI 6 gearbeitet hat. Anstelle seines Onkels musste er das Projekt fertig stellen.

Dann haben wir die Brockenbahn gesehen. Nach drei Stunden sind wir angekommen und haben erst einmal nichts gemacht, bevor wir ins Museum gegangen sind. Abendbrot haben wir im Hotel gegessen und jetzt sitze ich hier im Zimmer und schreibe.

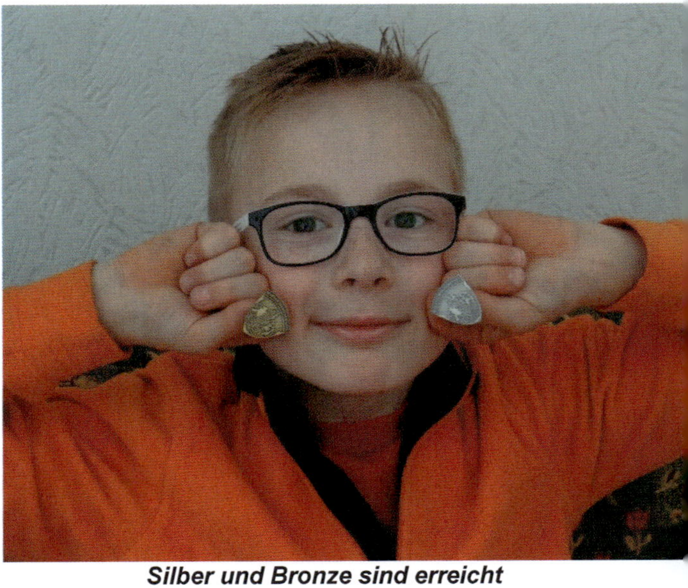

Silber und Bronze sind erreicht

Die 5. Etappe vom Brocken nach Königshütte

Ca. 6 Stunden Gehzeit und 17 Kilometer

5. Etappe

Die schönste Überraschung erlebten wir morgens beim Zurückziehen der Vorhänge: klare Sicht. Der Nebel hat sich verzogen, und wir können an einigen Stellen sogar von oben auf die Wolken draufschauen. Also doch kein waagerecht fliegender Schnee auf dem Brocken, kein Sturm und auch kein Regen. Wie glücklich, denn das hatte ich Lukas ja als worst-case-Szenario angeboten.

Das Frühstück mit Blick aus dem 7. Stock ist im Vergleich zu den letzten Tagen dann doch schon etwas Besonderes. Sogar Rührei bekommen wir.

Nach den „Ich-bin-oben-auf-dem-Brocken-und-hier-kommt-der-Beweis"-Fotos beginnt der Abstieg. Bei bestem Wanderwetter kommen wir gut voran. Das ist nötig, denn heute steht unsere längste Etappe auf dem Programm: Etwa 17 Kilometer, und ich habe doch etwas Bedenken, ob das nicht zu viel für Lukas sein wird. Körperlich sicher kein Problem, aber mental ist es doch nicht so leicht, sechs Stunden Lust auf Wandern zu haben.

Die höchste Stelle des Hexen-Stieges

Eines ist bei Lukas immer ganz wichtig: Geschichten erzählen. Stundenlang. Und wenn man mit Angeboten abzulenken versucht wie „oh, dass ist ja eine schöne Moosfläche“, oder „schau mal, dieser Baum wurzelt flach und wurde beim letzten Sturm umgeweht“, dann merkt Lukas das sofort, und es heißt „weiter erzählen“. Im Ötztal habe ich über zwei Hüttenwanderungen lang komplette Kinderabenteuerromane erfunden. In drei Bänden! Ich hätte dabei in ein Mikro sprechen sollen, das wären sicherlich Bestseller geworden.

So gehen uns die Kilometer locker von den Hacken, und ich erzähle fast das ganze Buch, das ich gerade lese. Es handelt von autistischen Kindern. (Die daraus entstandene Rezension kann man unter www.autismus-buecher.de nachlesen.) Dass Lukas bei der Gelegenheit auch gleich etwas lernt, ist klasse, und bei mir verfestigt sich der Buchinhalt besser. Heute Abend muss ich dann aber viel lesen, damit ich morgen wieder etwas zu berichten habe.

Stempelstelle Ahrensklint

Heute locken auf der Wanderung wieder besonders die Stempel. Vier Stück können wir einsammeln und die ersten drei sind strategisch gut verteilt, etwa alle 3 Kilometer. Dabei hätten wir den zweiten fast verpasst. Als wir kurz Rast an einer Bank machen und ich mir die Beine vertrete, sehe ich einen Wegweiser auf dessen Rückseite „Ahrensklint“ geschrieben steht. „Upps – so heißt doch auch die Stempelstelle, die bald kommen müsste!“ Dann kommt ein ganzer Kindergeburtstag aus dem Wald spaziert und, ich frage die Kiddys, ob sie zufällig einen Stempelkasten gesehen haben. „Ja, nur etwa 50 bis 100 Meter von hier.“ Zum Beweis ziehen einige der Kinder ihren Jackenärmel hoch und zeigen den voll gestempelten Unterarm. Oh, das war knapp und vom Weg aus nicht zu sehen. Glücklich kommt nun aber auch dieser Stempel ins Stempelheft – und auf Lukas Unterarm natürlich.

Beim Stempel „Trudenstein“ essen wir Mittag und klettern auf den Felsen herum. Wenig später wollen uns die Wegweiser zum HohneHof umleiten, anstatt den direkten Weg nach Drei Annen Hohne zu gehen. Auch das Navi, das wir manchmal bei Unklarheiten um Rat fragen, weist uns den direkten Weg. So bekommen wir zwar schnell eine Bratwurst auf dem dortigen Parkplatz zum Nachtisch serviert, aber wir verpassen auch etwas: das Natur-Erlebniszentrum HohneHof. Auf meiner alten Karte gibt es dieses Zentrum schlicht noch nicht. Das Schlimmste dabei ist aber - das haben wir erst nach der Wanderung erfahren - dort gibt es einen Stempel für das Stempelheft! Es wären fünf Stempel an diesem Tag geworden! So müssen wir nun irgendwann noch einmal in diese Ecke gehen, um uns auch diesen Stempel zu holen. Dies ist einer der Fälle von „Umzug einer Stempelstelle“, denn in unserem Heft ist der

Waldhof Silberhütte mit dieser Nummer bezeichnet. Dort gibt es heute aber nur noch einen Sonderstempel, der für den Harzer Steiger gewertet wird.

Der Parkplatz in Drei Annen Hohne ist sehr gut besucht, inklusive Bratwurststand und Gulaschkanone. Heute ist Reformationstag in Sachsen-Anhalt, und so sind hier zusätzlich viele Menschen auf dem Weg zum Brocken - meist mit der Bahn - unterwegs.

Nach diesem Menschenauflauf und den breiten Wanderwegen zum Brocken hinauf, wird es jetzt schlagartig ruhig und der Weg wieder schmal. Die Hauptattraktion des Harzes liegt nun hinter uns, und wir genießen die Stille im Wald. Zwar wird der Weg dann wieder zum breiten Forstweg, aber wir treffen nur noch sehr vereinzelt auf Wanderer.

Eine Pause legen wir an der Hexen-Stieg-Trennung ein. An dieser Stelle kann man eine Route wählen, um den Brocken zu umgehen. Uns tun mittlerweile ganz schön die Knochen weh, aber das Ziel ist nicht mehr weit. Den ganzen Tag lang hat Lukas nicht ein Mal über Schulterschmerzen wegen des Rucksacks geklagt. Er hat sich gut an das Tragen gewöhnt, wie schön.

Am Königshütter Wasserfall soll es den vierten Stempel des Tages geben. Aber weit und breit kein Stempelkasten. Langsam macht sich schon Enttäuschung auf Lukas Gesicht breit, wir haben ja nun schon von umgezogene Stempelstellen gehört, und dieser hier liegt sehr dicht an einer Straße, was ein Kriterium für einen Umzug sein könnte. Dann entdecken wir aber ein Schild „Stempel oberhalb des Wasserfalls“. Kurz entschlossen lassen wir unsere Rucksäcke stehen, laufen den Berg hinauf und finden den Kasten.

Zu unserer Unterkunft sind es dann noch weitere zwei Kilometer. Der Ort ist nicht groß, aber lang. Doch wir haben es geschafft: Die längste Etappe der Wanderung liegt hinter uns. Als Belohnung erhalten wir ein schönes, großes Zimmer in der „Pension am Felsen“ und zwei große Spezi. Dabei dürfen die Füße ausnahmsweise auch zur Erholung auf dem Tisch liegen.

Die längste Etappe für Lukas am 5. Tag

Abstieg Brocken.

Heute sind wir vom Brocken heruntergegangen, und da gibt es nicht viel zu berichten. Papa hat die ganze Zeit erzählt, und es gab vier Stempelstellen zu sehen. Eine war echt cool, die am Trudenstein. Da konnte man von oben die Bahn durch den Wald fahren sehen, und das sah aus, als wenn es brennt.

Als wir fast am Ziel waren, kam noch ein Stempel. Zuerst dachten wir, er wäre weggenommen worden, weil er mit dem Auto zu erreichen war. Aber dann hat Papa zwei Leute gefragt, wo denn der Stempel sei und die sagten, man müsse einen kleinen Trampelpfad hochgehen, und das stimmte zum Glück.

Als wir nach 17 Kilometern ankamen, haben wir erst einmal eine Weile nichts gemacht und sind dann essen gegangen. Und jetzt sitze ich hier und schreibe.

Am Trudenstein

6. Etappe von Königshütte nach Rübeland

Gehzeit inkl. Pausen ca. 3,5 Stunden und
9 Kilometer

6. Etappe

Die Treppe zum Frühstück hinunter war schon eine echte Herausforderung: Der Muskelkater schmerzt an Stellen, wo ich bisher keine Muskeln vermutete. Bergabgehen ist einfach nichts für mich. Für meine Knochen ist das viel anstrengender, als berghoch. Die 17 Kilometer abwärts gestern werden mich noch mindestens zwei Tage beschäftigen – so lange dauert es in der Regel, bis ich mir einen solchen Muskelkater aus den Beinen gelaufen habe. Bei Lukas sind es eher Schmerzen im Hintern, die durch die Belastung entstanden sind. Es ist schon ungewöhnlich: Da wandert man schon fast eine Woche jeden Tag und bekommt trotzdem noch solche Schmerzen. Aber was soll's – weiter geht's.

Nach dem Frühstück sprechen wir mit einem Vater, der mit seiner Tochter unterwegs ist. Er erkundigt sich nach einer Abkürzung nach Altenbrak, was ca. 21 Kilometer entfernt ist. Er hat die Entfernungen falsch eingeschätzt und hatte auf dem Weg nach Torfhaus bereits über 20 Kilometer zurückgelegt. Dabei sind sie eigentlich nur „gegen die Uhr und den Sonnenstand“ gelaufen und mussten den Magdeburger Weg bei einbrechender Dunkelheit gehen. Das war natürlich zu Recht Angst einflößend für beide. Wirklich schade. Durch die falsche Zeiteinteilung auf der Wanderung haben sie einen der schönsten Abschnitte eher als Bedrohung, denn als besonders schönen Teil erlebt.

Wir sind noch gar nicht ganz wach, als es zur Ruine der Königsburg hoch geht. Der Anstieg lohnt nicht nur, weil wir uns dieses Bauwerk gern anschauen wollen, nein, einen Stempel gibt es dort auch. Was für ein schöner Start in den Tag, der wieder strahlend blauen Himmel für uns bereit hält. Durch den Zusammenfluss von Kalter und Warmer Bode und die Talsperre bildet sich hier ein langgestreckter Stausee, an dessen Ufer wir entlang wandern. Kein Windhauch kräuselt das Wasser, und so spiegelt sich das gegenüberliegende Ufer erstklassig im See. Da der Tannenwald mittlerweile von Laubbäumen durchzogen wird, gibt es durch das Herbstlaub ein paar wunderbare Fotos.

Erst etwa drei Kilometer vor Rübeland legen wir eine kleine Pause ein. Inspiriert durch das gute Wetter und die einsame Umgebung interviewen wir uns gegenseitig vor der Kamera. Das macht richtig Spaß, und deshalb stellen wir den Film auf unsere Harz-Website zum Buch unter harz.soziales4u.de

Seespiegel

Es geht dann lange bergauf, was bei der Sonneneinstrahlung schon eine schweißtreibende Angelegenheit ist – jedenfalls für mich. Lukas freut sich über das Hinweisschild, das auf eine Stempelstelle hinweist. Oh, da hatte ich die Karte falsch gedeutet. Ich hatte die Stempelstelle im Tal bei der Baumannshöhle vermutet. Tatsächlich war sie oben auf dem Berg an einem traumhaften Aussichtspunkt über Rübeland. Da haben wir aber Glück, dass hier der Wegweiser steht. Wir wären sonst 100 Meter daran vorbeigelaufen.

Wir genießen die Aussicht über Rübeland, als Einheimische den Berg hinauf kommen. Sie kennen jeden Punkt im Ort und zeigen uns unsere Unterkunft, den Weg zur Baumanns- und Hermannshöhle und auch den Weg zum Aussichtspunkt auf der anderen Talseite. Dort ist natürlich auch eine Stempelstelle. Da werden wir mal sehen, ob wir den Aufstieg heute noch angehen möchten.

Immer wieder stoßen wir auf informative Tafeln

Unser Zimmer können wir noch nicht beziehen, aber unser Gepäck unterstellen. So machen wir uns gleich auf den Weg zur Baumannshöhle. Die Hermannshöhle ist heute leider geschlossen. Wir kaufen eine Eintrittkarte für die 13.50 Uhr Führung und ich setze mich auf eine Bank und schließe die Augen. Als ich sie öffne, schaut mich jemand an – blickt aber schnell wieder weg. Das Gesicht kommt mir bekannt vor, aber sicher bin ich mir nicht. Als die Führung beginnt, rufe ich in den Tunnel „Jörg?“ Wenn es Jörg ist, wird er sich umdrehen. Wenn nicht, würden sich alle anderen fragen, warum ich den Namen rufe...

Er dreht sich um. „Michi?“. Unglaublich, wir haben uns seit etwa 20 Jahren nicht mehr gesehen! Damals wäre er beinahe mein Schwager geworden; wir haben ein paar Mal Weihnachten zusammen verbracht. Das wir uns nun hier wiedersehen, ist wirklich eine kuriose Überraschung. Der Ort, die Uhrzeit der Führung – was muss da alles zusammenpassen.

Aber so unwahrscheinlich eine solche Begegnung auch ist – auf Reisen ist mir das schon ein paar Mal passiert. Eine Radtourerin aus Alaska, die in der Warteschlange in Disneyland bei Los Angeles plötzlich vor mir steht. Oder die Freunde aus dem Ort, in dem ich aufgewachsen bin, mit denen ich plötzlich am 24.12. am Mt. Cook in Neuseeland zusammentreffe. Solche Zufälle sind wirklich klasse.

Während der Führung durch die Baumannshöhle können wir nur wenig plaudern, haben aber wie früher ähnliche Gedanken: Die Höhlenführerin verbietet uns das Fotografieren mit dem Hinweis, man könne unachtsam sein und ausrutschen. Wenig später wird man zum Gruppenfoto aufgestellt, das man dann am Eingang kaufen kann. Alles klar…

Auch Goethe war so von dieser gewaltigen Grottenansammlung beeindruckt, dass er sie gleich drei Mal besuchte. Die Führerin kann uns sogar genau zeigen, welchen Weg er damals gegangen ist. Einen sich vegetarisch ernährenden Höhlenbären gibt es auch noch zu bestaunen und als sie das Licht ausmacht, bekommt der Begriff „Dunkelheit“ eine ganz neue Bedeutung.

Am Ausgang der Höhle trennen sich die Wege von Jörg und mir schon wieder. Jörg ist mit einigen

Freunden hier und wandert ins Tal, während wir direkt zum anderen Aussichtspunkt abbiegen, denn am Ausgang der Höhle haben wir fast den ganzen Aufstieg schon hinter uns. „Bis zum nächsten Mal!“, rufen wir uns zu und verabschieden uns.

Dieser Stempel über Rübeland hat wieder eine ganz besondere Bedeutung: Es ist der 24. Damit haben wir den Goldstatus erreicht. Das wird in großer Runde mit anderen Wanderern gewürdigt, denn selbst an dieser entlegenen Stelle kommen in der kurzen Zeit, die wir die tolle Aussicht und die Wärme der Sonne genießen, zahlreiche Stempelsammler vorbei. Wir empfehlen dabei die Hexenstieg-Wanderung für die eine Familie und die gegenüberliegende Stempelstelle für den Einzelwanderer. Diese Stempelei muss den Harztourismus in einem Maße gefördert haben, der vermutlich kaum zu beziffern, aber riesengroß sein wird. Klasse.

Zurück im Ort können wir unsere modernen Zimmer beziehen. Im alten Pfarrhaus ist sogar ein Gemeinschaftsraum für alle Gäste vorhanden, und so küren wir diese Ferienwohnung zur schönsten der Tour. Vermietet wird sie vom Eiscafe No. 1 im Ort.

Kaum sitzen wir gemütlich in der Wohnung, kommt der Besitzer „mit schlechten Nachrichten“. Ich denke schon, dass wir jetzt wohl ausziehen müssen. Nein, so schlimm sei es nicht, aber das Hotel, dass er vorhin als einzigen Ort für ein Abendessen beschrieben habe, sei heute nicht geöffnet. Er empfiehlt einen Pizzaservice, der auch Rübeland beliefern würde und entschuldigt sich vielmals für die fehlende Infrastruktur. Die Saison ist nun zu Ende, und da gehen viele Gaststätten schon in den Winterschlaf... Für uns ist das kein Problem, und wir lassen uns etwas Leckeres vorbeibringen.

Lukas hat am 6. Tag viel zu berichten

Heute habe ich meinen Wanderstock in der Pension liegen gelassen.

Als wir aus Königshütte losgegangen sind, haben wir nach 500 Metern den ersten Stempel bekommen. Zur Ruine der Königsburg sind wir einen Trampelpfad hochgegangen. Nach etwa einer Stunde haben wir eine Pause gemacht, und ich habe mit Papas Kamera Papa zu der Reise interviewt.

Dann, als wir später eine Essenspause gemacht haben und Papa alle Brötchen aufgegessen hatte, war eine leere Plastiktüte übrig. Die habe ich aufgeblasen und sie platzen lassen. Zwei Leute sind dann gekommen und dachten, ein Jäger hätte geschossen.

Als wir am Ziel waren, war unser Zimmer noch nicht fertig, aber wir waren auch schon um 12.30 Uhr da. Also sind wir in eine Höhle in Rübeland gegangen. Als wir dort rausgekommen sind, mussten wir nur noch einen guten Kilometer zum nächsten Aussichtspunkt gehen. Papa hat sich dort mindestens 30 Minuten mit einem Mann unterhalten, der mit seinem Sohn im nächsten Jahr den Hexen-Stieg gehen möchte.

Als wir nach Hause gekommen sind, haben wir noch Pause gemacht und haben dann gegessen – und jetzt sitze ich hier und schreibe.

In dieser Hütte hat's geknallt

Die 7. Etappe: Rübeland – Altenbrak

Gehzeit etwa 5 Stunden inkl. Pausen.
Ca. 15 Kilometer

7. Etappe

Tatsächlich waren heute nur vier Menschen beim Frühstück – wir inklusive. Direkt hinter uns wurde die Tür abgeschlossen: Die Saison ist vorbei.

Von Beginn an laufen wir heute entlang der Bode Richtung Altenbrak. Die relativ hohe Kilometerzahl des heutigen Tages kommentierte Lukas mit den Worten „das schaffen wir schon". Da fehlte eigentlich nur noch „Du musst Dir keine Sorgen machen, alter Papa, Du schaffst das auch".

Der Baumbestand ist nun völlig verändert, ausschließlich Laubbäume stehen am Wegesrand. Im Herbst natürlich eine leuchtende Pracht. Der Weg wird dadurch wunderschön: am Wasser entlang, mit den Füßen im Laub spielend und – warm. Das Thermometer zeigt heute um die 20° C. Um halb zehn musste ich schon aus meiner langen eine kurze Hose machen. Trotzdem kam ich richtig ins Schwitzen. Während Lukas neben mir den Hang hoch hüpft, wechsle ich von Schirmmütze zu Schweißband.

Bis Wendefurth hat mir Lukas dann alle Details eines neuen iPad-Spiels erläutert. Jede Einzelheit. Er kann genauso viel erzählen wie ich, sofern er das passende Thema findet. So etwas ist genau das Richtige für ihn, damit er frohen Mutes weiterwandert – und ich höre mir dann Beschreibungen an, die mich möglicherweise gerade am Rande interessieren… naja, ihm wird es manches Mal genauso gehen.

Bei Lukas Erklärungen zum aktuellen Spiel muss ich schon herzhaft lachen: Wenn man in dem Spiel als König die Steuern senkt, sind die Bürger zufriedener und arbeiten besser.

An der Bode

Von einem Hügel aus können wir schon bald die gewaltige Staumauer von Wendefurth erkennen. Sie ist 43 Meter hoch! An der dazugehörigen Stempelstelle treffen wir auch diesmal wieder auf zahlreiche Stempler, denn hier kann man ziemlich dicht mit dem Auto heranfahren. Einer davon ist wohl ein Profi-Wanderer. Er kennt viele der Extrem-Sammler persönlich und nimmt auch an entsprechenden Stammtischen teil. Er erzählt von dem „Turbo-Kaiser“, der alle 222 Stempel in nur drei Wochen gesammelt hat! Zur Belohnung gab es nicht nur einen großen Empfang, sondern auch ein speziell für ihn gedrucktes T-Shirt. Es war bereits sein 22. Kaiser! Unglaublich. Damit hat er fast 5000 Stempel in seine Hefte gedrückt – und die ganzen Sonderhefte kommen noch dazu.

Wir machen bei dem schönen Ausblick auf die Staumauer und warmen Wetter unsere Mittagspause und schauen dabei Kletterern zu, die sich an der Staumauer abseilen. Fast wie James Bond in der Anfangsszene von Goldeneye. Ok, die Staumauer im Film war 220 m hoch.

Durch farbiges Herbstlaub geht es weiter an der Bode entlang. Auf diesem Teilstück gibt es eine Art Trimm-Dich-Pfad. Klar, dass Lukas jedes Gerät ausprobieren muss. Zwar wird er langsam gehmüde, aber Hangeln, Schweinebaumeln oder Tannenzapfen-Zielwerfen gehen immer noch.

Kurz vor Altenbrak führt ein steiler Weg nach Schöneburg hoch. Dies ist erneut eine Hexen-Stieg-Trennung, und der Stempel auf diesem Weg ist von uns 1,6 Kilometer entfernt. Hin- und zurück also über drei Kilometer extra – steil hoch. Das ist dann doch zu viel. Den holen wir uns beim nächsten Mal. Lukas schaut sich die Karte an und entwirft schon mal eine Folgewanderung, auf der wir diesen und gleich vier weitere Stempel in der Region einsammeln wollen. Denn eins ist für Lukas klar: Das macht Spaß hier. Bei den allabendlichen Telefonaten mit der Mama erzählt er von den geplanten nächsten Touren. Ein paar Mal an den Wochenenden und natürlich alle längeren Touren wie den Grenz- und den Goetheweg. Ich stimme natürlich sofort zu und freue mich über Lukas Enthusiasmus.

Zapfenzielwerfen

In Altenbrak kommen wir beim „Harzer Jodlermeister" unter, und ich hoffe im Stillen, dass er am Abend heiser ist. Allerdings wäre es für Lukas sicherlich spannend, mal einen echten Jodler zu hören. Deshalb habe ich die Pension auch ausgewählt. Zwei Herzen schlagen in meiner Brust.

Als wir zum Essen ins Restaurant gehen, ist es bis auf einen Tisch komplett gefüllt. Viele Belgier sind heute Abend hier, alles sehr reifes Publikum. Wir bestellen unser Essen, und ich sehe den Zettel auf dem Tisch: „Heute Abend tragen Martina und Andreas Volkslieder vor und jodeln". Lukas sieht es auch sofort: „Die Texte sind ja manchmal komisch, aber die Musik finde ich schön." Von wem hat er das nur? AC/DC hört er ja auch gern, also eigentlich alles ok.

Kurz bevor es dann losgehen soll, setzt Lukas sich zu anderen Kindern an den Tisch und spielt Karten mit ihnen. „Du kommst aber zurück, wenn die Musik beginnt!" – „Ja". Er kommt nicht, auch nicht nach mehrmaligem Herüberwinken. Ich sitze also allein am Tisch. Drei Meter vor mir wird gevolksliedert und gejodelt. Es ist gerade wenige Wochen her, dass ich den Rolling Stones zugejubelt habe. Livemusik kann ich sehr schätzen, vor allem Blues und Rock. Und hier sitze ich nun in der ersten Reihe, und das Paar macht ihren Job bestimmt ganz gut, aber meine Kräfte reichen dafür einfach nicht aus. Ich flüchte in unser Zimmer.

Lukas geht es richtig gut am 7. Tag

Als wir losgegangen sind, habe ich Papa von meinem neuen Spiel erzählt. Er fand das ganz cool, weil man in diesem Spiel richtig was über

Politik lernt, ohne es zu merken (Dragon von Kabam). Wir sind zu einem Wasserrad gekommen, und an einem Haus hing ein riesiges Spinnennetz aus Metall gebaut. In einem anderen Garten stand ein richtig gut geschnitzter Drachen. An einem Hotel hat jemand einen Trabi auseinandergenommen und nur das Dach und die Fahrerkabine ganz gelassen. Das Dach hatte er mit zwei Holzpfeilern abgestützt. Darunter standen eine Bank und ein Tisch. Das fand ich richtig cool, weil es mir heute richtig gut ging.

Als wir angekommen sind, bin ich im Bett zusammengebrochen (gemütlich reingelegt) und dann sind wir Essen gegangen und jetzt sitze ich hier und schreibe.

Gut beobachtet

8. Etappe. Am letzten Tag von Altenbrak nach Thale

Etwa 15 Kilometer und 4,5 Stunden Gehzeit inkl. Pausen

8. Etappe

Schon am Frühstückstisch haben wir uns mit anderen Wanderern unterhalten. Der heutige Abschnitt ist bei Wanderern offensichtlich sehr beliebt, und so trafen wir den ganzen Tag über eine Menge Leute.

Kein Wunder: Dies ist der schönste Abschnitt der ganzen Tour - mit einem spektakulären Finale in Thale. Das Bode-Tal wird auch der „Grand Canyon des Harzes“ genannt. OK, naja, aber die Strecke ist wirklich schön. Bilderbuchwetter, bunte

Bäume ein wilder Bach mit zahlreichen Klippen verbreiten gute Laune.

Lukas ist auch in bester Stimmung: Heute würden wir es schaffen! Den ganzen Hexen-Stieg gewandert, es gibt die Wandernadel in Gold und das Sonderabzeichen für den Harzer-Hexen-Stieg. Laut singend und pfeifend läuft er den Weg entlang, so dass ich kaum hinterherkomme. Lukas hat beschlossen, vor allen anderen Wanderern in Thale zu sein.

Pause an der Sonnenklippe

Trotzdem machen wir noch zwei Pausen, denn die Strecke ist schon recht lang. Die Sonnenklippe, der erste Pausenort, hatte neben der tollen Lage und einer sonnengewärmten Bank auch noch einen Stempel zu bieten. Und was für einen: Der mit der Nummer 69 und damit die zweite wichtige

Kontrollstelle auf dem Hexen-Stieg. Vor vielen Tagen war der Eselsplatz mit der Nummer 140 die westliche Kontrollstempelstelle – nun sind wir an der östlichsten angelangt.

Für den zweiten Pausenplatz hat sich der schnelle Schritt von Lukas gelohnt, weil wir als erste ankommen: Die Sitzbank direkt gegenüber der Roßtrappe, einem Granitfelsen, dessen Flanke an dieser Stelle 200 Meter steil ins Bodetal abfällt. Ein toller Blick.

Im Bodetal

Die letzten Meter nach Thale hinein laufen wir mit einem Hochgefühl: Wir haben es geschafft - über 100 Kilometer quer durch den Harz! Wir klatschen uns dauern ab und lachen uns an. Am

Zielschild in Thale fragt uns eine Frau „Sie möchten bestimmt, dass ich ein Foto von Ihnen mache, oder?“ Sie kommt hier oft durch den Park und hat offenkundig eine gewisse Routine entwickelt. In der Touristeninformation von Thale präsentieren wir stolz die Stempelbücher. Lukas nimmt freudestrahlend die Hexen-Stieg- und die goldene Nadel in Empfang.

Und bevor wir in den Zug nach Hause steigen, kaufen wir das Themenheft „Harzer Grenzweg“. Das soll die nächste Wanderung durch den Harz werden.

Lukas letzter Tag der Wanderung

Heute war der letzte Tag, und ich bin happy. Der Weg führte durch einen Canyon, und darin haben wir auf einer Bank Pause gemacht. Dabei hat uns ein Mann überholt, den wir dann wieder überholt haben und dann das Ganze noch mal. Das fanden wir alle lustig. Dann sind wir wieder zu einer Stempelstelle gekommen (178).

Wir sind dann unten angekommen und haben am Schild Start/ Ziel ein Foto gemacht. Danach haben wir uns in der Touri-Info das Hexen- und Goldene Abzeichen geholt. Nun sitze ich in der Bahn und schreibe.

Tschüß

Geschafft!

Nachwort: Doch ein pädagogisches Angebot

Und, war das Ganze nun „pädagogisch wertvoll"? Wir haben die Etappen so gestaltet, dass wir immer zwischen 12 und 15 Uhr angekommen sind und noch viel Zeit des Tages für Erholung blieb. Das hat sicherlich zum Gesamterfolg beigetragen. Körperlich hätte Lukas auch jeden Tag 20 Kilometer laufen können, aber dabei wäre der Spaß auf der Strecke geblieben, und er hätte die Lust verloren.

Tatsächlich durfte Lukas „frei iPad-spielen" – das gab es noch nie in seinem jungen Leben. Aber er wollte immer auch lesen und schreiben. Den Plan, ein Buch zu schreiben, hatten wir von Anfang an. Aber ob er wirklich schreiben würde, da war ich mir überhaupt nicht sicher. Mit Druck und dem ständigen Hinweis auf das Buchprojekt hätte es ganz sicher nicht funktioniert. So waren es jeden Tag ein bis zwei A 5 Seiten, was für einen 11 jährigen schon eine ordentliche Leistung ist.

Insofern: Ja, in jedem Fall pädagogisch wertvoll. Den Harzer Grenzweg als nächste Aufgabe hat er sich selbst ausgesucht, weil ihm die deutsch-deutsche Geschichte und deren Überreste am Wegesrand so interessiert haben. Und natürlich möchte er noch Wanderkönig und –kaiser werden. Wir haben noch viele schöne Touren vor uns.

Nachwort von Lukas

Das hat mir super gefallen und ich empfehle es weiter. Als Nächstes gehe ich den Grenzweg ☺

Nachtrag

Ein paar Wochen später ist Lukas dann per Post zum Wanderprinzen ernannt worden. Das ist bis zum 11. Geburtstag möglich. Nun darf er sich „Lukas der VII“ nennen.

Mit der Belohnung in der Thaler Touristeninfo

Die Übersichtskarte

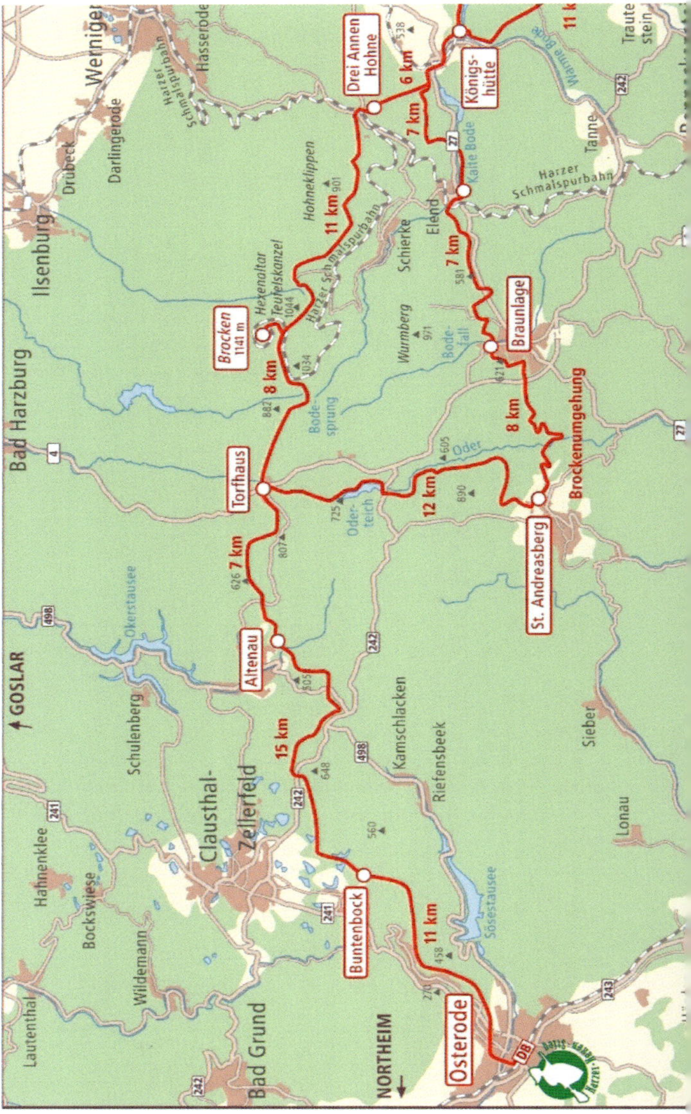

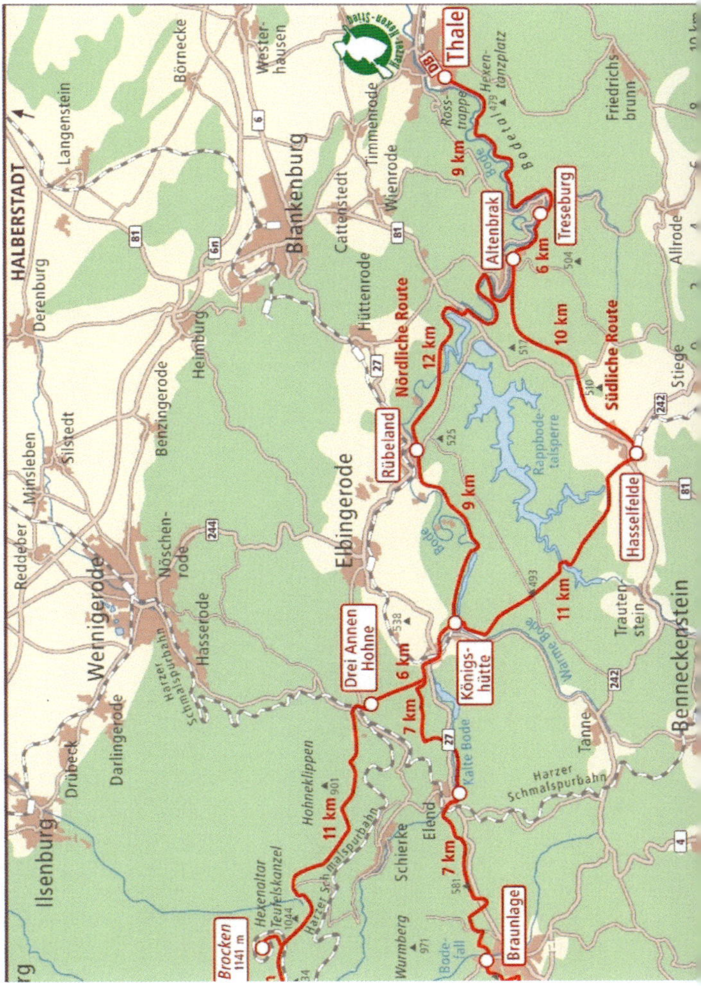

HALBERSTADT
Brocken 1141 m
Drei Annen Hohne
Königs-hütte
Rübeland
Altenbrak
Treseburg
Thale
Hasselfelde
Braunlage
Nördliche Route
Südliche Route
11 km
7 km
6 km
9 km
12 km
10 km
Ilsenburg
Wernigerode
Elbingerode
Blankenburg
Benneckenstein
Schierke
Elend
Stiege
Allrode
Friedrichsbrunn
Rappbodetalsperre
Harzer Schmalspurbahn

Kommentierte Packliste

Bekleidung

- Eine kleine Tube Waschmittel ist besonders wichtig. Da wir im Herbst unterwegs sind, wird überall geheizt und gewaschene Kleidung wird schnell wieder trocken.
- Funktionsunterhemd und eines zum Wechseln
- Wanderhose (mit Zippmöglichkeit für die Verwandlung in eine kurze Hose) und eine Wechselhose für z. B. Restaurantbesuch
- Socken und Wechselsocken
- Funktionshemd oder T-Shirt mit leichtem Pullover
- 2 Unterhosen
- Warme Fleecejacke/ Pullover
- Lange Unterhose
- Winddichte Jacke
- Regenjacke und -hose (auch mitnehmen, wenn kein Regen angekündigt ist, insbesondere bei Bergwanderungen).
- Handschuhe, Mütze, Tücher für Hals oder Stirn
- Schlafzeug
- Hüttenschuhe

Notfall

- Eine Rettungsdecke pro Person
- Notfallset mit Pflaster, Verbandszeug etc.
- High Energy Powerbar als Notfallration - im Harz wohl eher nicht nötig

Nahrungsmittel

- Bei Übernachtungen in Hotels und Pensionen kann man sich beim Frühstück gegen einen Aufpreis überall etwas mitnehmen. Man muss also nicht unbedingt Mettwurst und Käse zur Verpflegung mitnehmen.
- Salz für hartgekochte Eier
- Süßigkeiten für Kids – kann die Motivation befeuern

Sonstiges

- Taschenmesser zum Schnitzen
- Ladekabel für die Technik (Phone, Kamera, Navi. Wobei das Navi auf dem Hexen-Stieg nicht wirklich nötig gewesen ist, da die Ausschilderung meist sehr gut ist. Manchmal hat es die Meinungsfindung beschleunigt und etwas beruhigt, wir hätten uns aber ohne auch nicht verlaufen. Download der Wegdaten unter „Hilfreiche Tipps“)
- Was zum Lesen
- Kleine Kartenspiele. Wir hatten Uno, Bohnanza und Labyrinth mit.
- Ersatzbrillen
- Landkarten
- Stempelhefte
- Taschenlampen
- Kleines Fernglas (haben wir kaum gebraucht)
- 2 Trinkflaschen (Radflaschen) a 750 ml.
- Mal- und Schreibzeugs

- Kuscheltier ;-)
- Badehose für Bäder
- Waschtasche, mit allem was Mann so braucht. Dabei sind kleine Probepackungen aus der Drogerie für kurze Touren zu empfehlen.

Rucksäcke

- Den großen 75 Liter Rucksack für den Papa
- Etwa 10 – 15 Liter für den Sohn. In 10 Jahren machen wir es anders herum.

Bei Treseburg

Hilfreiche Links zur Wanderung

harz.soziales4u.de
Die Website von Lukas und Michael zu diesem Buch. Mit dem Film zur Wanderung, weiteren Fotos, Ergänzungen, Aktualisierungen und den nächsten Wanderungen.

www.harzer-wandernadel.de
Alles zum Stempeln im Harz

www.harzinfo.de
Viele Infos zu den Wanderrouten im Harz und Downloadmöglichkeit der Navi-Tracks z. B. im .gpx-Format (ist auf der Seite etwas versteckt, daher hier der komplette Link: www.harzinfo.de/erlebnisse/wandern/harzer-hexen-stieg/die-strecke/gesamtstrecke-hhs.html).

Weitere Outdoor-Bücher

Michael Schmitz: Gegen Sand, Sonne und sich selbst

Mit dem Mountainbike 11.000 Kilometer durch Afrika

Safari bedeutet „Reise“ auf Kisuaheli, der Landessprache Kenias und Tansanias. Sechs Monate und 11.000 Kilometer auf dem Mountainbike von Nairobi über Kapstadt nach Windhoek (Namibia) - dieses Buch beschreibt die Höhen und Tiefen einer solchen Radtour: Kakerlaken krabbeln durchs Zimmer, tote Fliegen schwimmen auf dem Trinkwasser und nette Menschen laden zu Bett und Dusche ein. Löwen mit weit aufgerissenen Mäulern, roter Halbwüstensand, weite Steppen und an Erholungstagen Radrennen fahren... Diese eigenwillige Mischung zieht den Leser in ihren Bann. Selbstironische Betrachtungsweisen von Radtouren in die 3. Welt entlocken dem Leser immer wieder ein Schmunzeln. Und wer dennoch Lust bekommen hat, selbst auf solch eine Reise zu gehen, der ist am Ende der Lektüre mit Tipps und Tricks gewappnet.

244 Seiten Lesespaß, der mit 7 Landkarten und 20 Fotos illustriert ist.
Als eBook 3,99 €. Gedruckt: 12 €.

Peter Smolka: Westafrika mit dem Fahrrad

Marokko, Mauretanien, Senegal, Mali, Burkina Faso und Togo sind die Stationen, die Peter Smolka auf dem schmalen Reifen seines Fahrrades in zweifacher Hinsicht „erfuhr“: Auf Straßen und Wegen, die durch Sonne und Sand mitunter zur Strapaze wurden, und in intensivem Kontakt zu Land und Leuten, der einem Entspannung suchenden Pauschaltouristen normalerweise verschlossen bleibt.
Außergewöhnliche Erlebnisse und Erfahrungen der Tour, reichhaltige, aufschlussreiche Beschreibungen von Freud und Leid des Alltags im Armenhaus des afrikanischen Kontinents fügen sich zu einem gleichermaßen fesselnden wie informativen Gesamtbild zusammen.
Auf den Spuren de Westafrika-Radtour erschließt sich dem Leser in dieser vitalen Reiseschilderung ein Teil des Schwarzen Kontinents in seiner nackten Realität.
Die vorliegende, gelungene Mischung aus Spannung und Sachinformation ist Garant für pures Lesevergnügen. Man darf schon jetzt gespannt sein, wohin die nächste Reise führt.

Als eBook 3,99 €. Gedruckt: 12 €.

Elena Erat, Peter Materne: Rad-Abenteuer Welt.
45.000 Kilometer auf dem Rad um den Globus

Über 800 Seiten, ursprünglich in zwei Bänden herausgegeben, nun als eBook. Die Globetrotter des Jahres berichten informativ, spannend und humorvoll von ihrer Weltreise mit dem Fahrrad.
Elena Erat und Peter Materne machen sich vom idyllischen Freiburg aus auf in Richtung Osten. In Rumänien besuchen sie Graf Draculas Schloss, in der Türkei verzaubert sie die Weltstadt Istanbul, in Ägypten feiern sie Weihnachten bei 40°C im Schatten. Ein erster Höhepunkt ihrer Reise: Eine Begegnung mit Mutter Teresa in Indien.
Die Autoren schlagen ihr Lager unter anderem in einem buddhistischen Kloster in Thailand auf. Mit zwei kleineren „Umwegen“ über Australien und Johannesburg landen die beiden in Brasilien. Sie staunen über die Schönheiten des Regenwaldes, feiern Oktoberfest mit Samba-Rythmen und kämpfen sich durch die Anden.
In Panama entkommen sie knapp nur dem Tod. Durch mehrere Länder Südamerikas fahren sie nach Norden, dann noch einmal quer über den Kontinent von Los Angeles nach New York, bevor sie nach über zwei Jahren und 45.000 geradelten Kilometern durch 26 Länder wieder zu Hause ankommen.

Als eBook 4,99 €.

Heinz Helfgen: Ich radle um die Welt.
Der Klassiker der Radtouren-Literatur

Der Reisebestseller der Fünfziger Jahre.
Ein einzigartiges Lesevergnügen voller Spannung und Abenteuer – ein großartiges Zeitdokument.
Heinz Helfgen berichtet nicht nur einfach von einer faszinierenden Radreise rund um die Welt, die ihn mehrfach in lebensgefährliche Situationen bringt. Er erlebt auch den Alltag und schildert die Lebensumstände der bereisten Länder, trifft viele berühmte Persönlichkeiten seiner Zeit wie Tito oder Hemingway und gewinnt die Freundschaft vieler Menschen rund um den Erdball.
Man hat Heinz Helfgen einen modernen Karl May genannt. Nur – er hat seine Abenteuer selbst erlebt.

Als eBook 4,99 €. Gedruckt: 17,98 €.

***

Dieter Rohrbach: Wildes Madagaskar

Achtzehn Artikel über ein großes und weitgehend unbekanntes Land. Texte, die dem Leser ein tieferes Verständnis für manche Eigenarten der roten Insel vermitteln. Spannende Themen wie: Postkoloniale Politik, Pädophilie und Prostitution, Woher kamen Sie?, Piraten und Piratenhändler, Der Raubbau an Edelhölzern usw. erzählen spannende Geschichten und viel über das abwechslungsreiche Land.

Als eBook 7,99 €. Gedruckt: 13 €.

Thomas Troßmann: Wüstenzeit. Sahara grenzenlos. Mit dem Motorrad durch die Sahara – Reportagen von 1000 Tagen Wüstenfahrt

Thomas Troßmann, ist der Faszination der vielseitigen Sahara verfallen. Über tausend Tage hat er schon in der größten Wüste der Erde verbracht. Abseits von Straßen und Pisten bewegt er sich zumeist mit dem Motorrad durch die endlosen Weiten dieser Sand- und Gesteinslandschaft. Gebirge und Dünen, weite Ebenen und enge Schluchten, ihre fremdartige Tier- und Pflanzenwelt, die Spuren prähistorischer Vergangenheit und nicht zuletzt die beeindruckende Wesensart ihrer Bewohner, der nomadisierenden Tuareg, faszinieren den Wüstenfahrer jeden Tag aufs Neue.
Hier schildert er seine ungewöhnlichen Erlebnisse in dieser wilden Landschaft.
Ein Buch für Liebhaber unberührter, großartiger Natur, für Motorradfans und Abenteurer.

Als eBook 3,99 €.

***

Thomas Troßmann: Wüstenfahrer. Auf dem Motorrad durch das Land der Tuareg

Thomas Troßmann ist mit dem „Wüstenbazillus“ infiziert. Schon seit Jahren übt die Sahara eine unwiderstehliche Anziehungskraft auf ihn aus. Mehrere Dutzend Wüstenreisen hat er schon hinter sich, die meisten mit dem Motorrad. An drei

ausgewählten Reisen vermittelt der Autor in diesem Buch einen intensiven Eindruck von der Faszination und Herausforderung dieser extremen Landschaft. Gleichzeitig beschreibt er seine Entwicklung als Wüstenfahrer vom unerfahrenen Anfänger bis zum versierten Profi.
Spannend, abenteuerlich und sehr authentisch.
Ein Buch für Liebhaber unberührter, großartiger Natur, für Motorradfans und Abenteurer.

Als eBook 3,99 €.

11072811R00052

Printed in Germany
by Amazon Distribution
GmbH, Leipzig